Del pueblo a la ciudad

W0058528

María Rosa Serrano

Del pueblo a la ciudad

Ernst Klett Sprachen
Stuttgart

1. Auflage   1   ¹ ² ³ ⁴ ⁵ | 2020 19 18 17 16

Illustrationen: Sven Palmowski, Barcelona

Redaktion: Marcelo Rodríguez
Layoutkonzeption: Andreas Drabarek
Satz: Satzkasten, Stuttgart
Umschlaggestaltung: Andreas Drabarek
Umschlagfoto: Kevin Wakefield, istockphoto
Bilder: S. 6 Giorgio Fochesato, iStockphoto S. 10, S. 12 Renfe, S. 19 JTB Photo Communications, Inc., Alamy Images, S. 32 Elena Solodovnikova, Shutterstock S. 51, S. 64 Derics Dainis, iStockphoto
Druck und Bindung: Druck und Bindung: Medienhaus Plump GmbH, Rolandsecker Weg 33, 53619 Rheinbreitbach

Printed in Germany

ISBN 978-3-12-535656-6

Índice

1. Casar del Río 7

2. Marisa llega a Madrid 11

3. El primer día de trabajo 17

4. Marisa va de compras 22

5. Una tarde libre 27

6. La carta 31

7. El primer sueldo 35

8. Una llamada telefónica 40

9. Marisa tiene anginas 45

10. Las rebajas 50

11. En el apartamento de Luis 53

12. La academia 58

13. Las fiestas de Casar del Río 63

14. ¿Cuál es mi sitio? 67

Abreviaturas 71

1. Casar del Río

Casar del Río es un pueblo español. Es un pueblo bonito; las casas son blancas y hay flores en las ventanas. Las calles son estrechas, pero la plaza es grande, con una fuente en el centro. En la plaza están las tiendas más importantes: la tienda de comestibles, la verdulería, la carnicería, la panadería y la farmacia. También está el Ayuntamiento, con un balcón muy grande y un reloj que no anda.

Junto a Casar del Río hay, naturalmente, un río, que lleva bastante agua en invierno y baja casi seco en verano.

La iglesia de Casar del Río es muy antigua, con una torre cuadrada donde anidan las cigüeñas.

En Casar del Río no hay escuela. Los niños toman todos los días un autobús y van a la escuela de un pueblo próximo, más grande. Tampoco hay cines, discotecas o cafeterías. Los hombres trabajan en el campo, las mujeres cuidan la casa y los animales. No hay muchos jóvenes en el pueblo. Los jóvenes emigran a Madrid o a otras ciudades industriales y buscan allí trabajo.

El señor Rufino y la señora Antonia viven en Casar del Río con sus cinco hijos. La mayor se llama Marisa y es joven –18 años– y muy bonita, con el pelo castaño y unos ojos muy grandes, también castaños. El padre del señor Rufino, es decir el abuelo de Marisa, también vive con ellos.

Hoy Marisa va también a Madrid para trabajar allí. Viaja en autobús, porque el tren no pasa por Casar del Río. El autobús está ya en la plaza y Marisa y su madre van hacia él. Marisa lleva una maleta.

---

3 **estrecho** eng, schmal | 5 **la tienda de comestibles** das Lebensmittelgeschäft | 6 **la verdulería** der Gemüseladen | 6 **la carnicería** die Metzgerei | 6 **la panadería** die Bäckerei | 7 **el Ayuntamiento** das Rathaus | 11 **cuadrado** viereckig | 12 **anidar** nisten | 12 **la cigüeña** der Storch | 16 **cuidar la casa** *hier:* den Haushalt versorgen | 19 **viven** sie leben; sie wohnen | 21 **castaño** kastanienbraun | 22 **es decir** das heißt

¿Adónde vas, Marisa? – pregunta la señora Paca, una vecina. La señora Paca es muy curiosa.

– A Madrid.

– ¿Sí? ¿Para unos días?

5 – No, para trabajar allí.

– ¿Tú también? ¿Y qué trabajo es?

– De camarera en un hotel.

– ¿Y tú qué dices, Antonia? En la capital hay mucha gente mala. Y una chica joven, sola…

10 – Sola no. Mi sobrina Ana, la hija de Carlos, trabaja en el mismo hotel.

– ¿Ah, sí? ¿Y cuánto gana?

– Gana bastante.

– ¿Y trabaja mucho?

15 – ¡Eh, señoras! – grita el chófer del autobús. Es muy tarde. Deme la maleta, señorita.

– Ah, sí, la maleta. Tome.

Marisa abraza a su madre.

– Adiós, mamá.

20 – Adiós, hija.

– Adiós, señora Paca.

– ¡Vamos! – grita otra vez el chófer.

El autobús está lleno y Marisa busca un asiento libre.

– Aquí hay sitio, Marisa.

25 – Gracias.

Es la señora Adela, la carnicera. Va a un pueblo próximo. Es una mujer muy simpática y habla mucho, pero Marisa está un poco triste. Deja el pueblo, deja su casa. Va a Madrid, la gran ciudad, la capital de España.

---

1 la vecina die Nachbarin | **2 curioso** *hier:* neugierig | **5 para trabajar** um zu arbeiten | **7 la camarera (de hotel)** *hier:* das Zimmermädchen | **10 la sobrina** die Nichte | **18 abrazar** umarmen | **23 lleno** voll | **26 la carnicera** die Metzgersfrau

Preguntas

1. ¿Dónde está Casar del Río?
2. ¿Cómo son las casas?
3. ¿Qué hay en los balcones?
4. ¿Cómo son las calles y la plaza?
5. ¿Qué tiendas hay en la plaza?
6. ¿Cómo es el río?
7. ¿Cómo es la iglesia?
8. ¿Cómo van los niños a la escuela?
9. ¿Qué hacen las mujeres?
10. ¿Adónde van los jóvenes? ¿Por qué?
11. ¿Cómo es Marisa?
12. ¿Para qué va Marisa a Madrid?
13. ¿Quién es la señora Paca?
14. ¿Qué trabajo tiene Marisa?
15. ¿Cómo es la señora Adela?
16. ¿Por qué está triste Marisa?

Ejercicio

Reemplace la palabra en cursiva por su antónimo.

Ej: Casar del Río es un pueblo *grande*.
No, es *pequeño*.

1. Es un pueblo *grande*.
2. Es un pueblo *feo*.
3. Las calles son *anchas*.
4. Marisa trabaja *poco*.
5. El autobús está *vacío*.
6. El asiento está *ocupado*.
7. Hay *muchos* jóvenes en el pueblo.

---

2 reemplazar ersetzen | **6 feo** hässlich

2. Marisa llega a Madrid

MADRID ★★★★ TRANSPORTES 074844
★★★ L05 E17 V1

MetroMadrid y ⬍ 1

Sencillo 1 Viaje T2
  M-4042

VÁLIDO EN MetroMadrid y MetroLigero ⬍ 1

Utilización según tarifas. Incluidos I.V.A. y S.O.V. 17/09/08
C.I.F. Q-7850003 J (Consérvese hasta la salida) 22:48

El autobús de Casar del Río llega a Madrid a las cinco de la tarde.
Cuando el autobús entra en la capital Marisa piensa: «¡Qué grande
es Madrid! ¡Cuántas calles! ¡Cuánta gente!»

El autobús para y los viajeros cogen sus maletas, hablan, gritan. 5
Marisa mira a su alrededor. Allí está Ana. ¡Gracias a Dios!

– ¡Ana! ¡Ana! – grita Marisa.

– ¡Hola, Marisa! ¿Qué tal el viaje?

– Muy bien.

– ¿Cómo están tus padres y tu abuelo? ¿Cómo están todos en el 10
pueblo?

– Están bien, gracias.

– ¿Llevas mucho equipaje?

– No, sólo esta maleta.

– ¿Pesa mucho? 15

– No, pesa poco.

– Aquí cerca hay una estación del metro. El hotel está a diez
minutos.

– ¿Cómo es el hotel? ¿Es grande?

---

6 ¡Gracias a Dios! Gott sei Dank!

– Sí, es bastante grande. Tiene doscientas habitaciones. Es un hotel de tres estrellas.

– ¿Tres estrellas? ¿Qué es eso?

– Es la categoría del hotel. Hay hoteles de una, de dos y de tres

5 estrellas. Luego hay hoteles de lujo.

– ¡Ah!

– Vamos.

Marisa y Ana van a la estación del metro y bajan la escalera. Ana saca los billetes y pasan al andén. Las paredes están llenas de

10 carteles y de pintadas.

– ¿Esto es el metro? No me gusta. Está muy sucio.

– Sí, el metro está sucio, pero es rápido y barato. Sólo cuesta un euro.

Por fin llegan al hotel. La puerta principal es muy grande, pero

15 Ana y Marisa entran por una puerta más pequeña.

– Primero vamos a hablar con doña Clara.

– ¿Quién es doña Clara?

– Es la jefa de las camareras.

Doña Clara tiene unos cuarenta años y es alta, gorda, morena y

20 antipática.

– Buenas tardes, doña Clara. Ésta es mi prima del pueblo.

– Ah, sí, buenas tardes. ¿Cómo se llama usted?

– Marisa… Bueno, María Luisa.

– ¿Apellidos?

25 – Gómez García.

– ¿Cuántos años tiene usted?

– Tengo dieciocho años.

– Deme usted el documento de identidad, por favor.

– Sí, aquí está. Tome.

---

3 **la estrella** der Stern | 5 **el lujo** der Luxus | 8 **la escalera** die Treppe | 10 **el cartel** das Plakat, der Anschlag | 10 **la pintada** die (Wand-)Schmiererei | 14 **por fin** endlich | 14 **la puerta principal** der Haupteingang | 18 **la jefa** die Chefin | 19 **gordo** dick, beleibt | 28 **el documento de identidad** der Personalausweis

– Bien. La jornada de trabajo de las camareras es de ocho horas. El trabajo empieza a las ocho de la mañana. Tienen día y medio libres a la semana y 21 días de vacaciones al año. El sueldo son 1.200 euros mensuales. La habitación y la comida son gratis.

– Muy bien. ¿Cuándo empiezo?

– Mañana por la mañana. Usted y Ana trabajan juntas. Tienen también la misma habitación.

– ¡Qué bien! Gracias.

– Hasta mañana.

– Hasta mañana.

La habitación de Ana y Marisa es pequeña. Hay dos camas, una mesa, dos sillas y un armario.

Marisa mira por la ventana. Delante, a la derecha y a la izquierda, sólo hay casas y más casas. ¡Qué lejos está Casar del Río!

Preguntas

1. ¿A qué hora llega a Madrid el autobús de Casar del Río?
2. ¿Qué dice Ana?
3. ¿Lleva Marisa mucho equipaje?
4. ¿Pesa mucho la maleta?
5. ¿Está lejos la estación del metro?
6. ¿Es grande el hotel?
7. ¿Cómo es el metro?
8. ¿Quién es doña Clara? ¿Cómo es?
9. ¿Cuántas horas trabajan las camareras?
10. ¿Cuántos días libres tienen a la semana?
11. ¿Qué vacaciones tienen?
12. ¿Cuánto ganan?
13. ¿Qué hay en la habitación de Marisa y Ana?

---

1 la jornada de trabajo der Arbeitstag, die Arbeitszeit | **3 el sueldo** das Gehalt | **6 juntas, juntos** zusammen

Ejercicio 1

Responda como en el modelo.

¿Es doña Clara *joven? No,* es más bien *vieja.*

1. ¿Es doña Clara joven?
2. ¿Es delgada?
3. ¿Es rubia?
4. ¿Es simpática?
5. ¿Es pequeño el hotel?
6. ¿Es caro el metro?
7. ¿Está limpio?

Ejercicio 2

Conteste ahora libremente a las preguntas.

Ej.: ¿A qué hora empiezas a trabajar?
     A las ocho de la mañana.

1. ¿A qué hora empiezas a trabajar?
2. ¿A qué hora desayunas?
3. ¿A qué hora comes?
4. ¿A qué hora terminas el trabajo?
5. ¿A qué hora cenas?

3. El primer día de trabajo

Marisa empieza a trabajar hoy en el hotel. Lleva un uniforme azul y un delantal blanco. Ana está con ella.

– ¿Qué tengo que hacer? –pregunta Marisa.

– Tienes que limpiar las habitaciones y los cuartos de baño, hacer las camas con sábanas limpias y cambiar las toallas. Hoy vamos a limpiar juntas y así aprendes.

– Pero las habitaciones están cerradas. ¿Cómo entramos?

– Las camareras tenemos una llave.

Ana y Marisa entran en una habitación. Es una habitación de dos camas, muy elegante, con una alfombra de color verde claro, muebles modernos, un televisor y una nevera pequeña con bebidas. El cuarto de baño es también de color verde.

– ¡Qué bonito! ¿Son así todas las habitaciones?– pregunta Marisa.

– Todas no. Hay también habitaciones más sencillas y más baratas, sin televisión ni nevera.

– ¿Cuánto cuesta esta habitación?

– 120 euros más el desayuno.

– ¡Es mucho dinero! En el pueblo pasamos toda la semana con 120 euros.

Ana y Marisa limpian y arreglan varias habitaciones. A las once pregunta Ana:

– Oye, Marisa, ¿no tienes hambre?

– No tengo hambre, pero tengo sed. Tengo mucho calor.

– Sí, aquí hace calor, pero en la calle hace frío. Es la calefacción.

– Claro.

– Vamos a la cafetería.

– ¿Tenemos tiempo?

---

2 el uniforme *hier:* die Arbeitskleidung | 3 el delantal die Schürze | 6 la sábana das Betttuch | 6 la toalla das Handtuch | 16 sencillo einfach | 20 Pasamos toda la semana con 120 euros 120 Euro reichen uns für die ganze Woche. | 26 la calefacción die Heizung

– Sí, son las once y podemos descansar un rato.

– ¿Pero vamos así, con el uniforme?

– La cafetería está dentro del hotel. Además a esta hora no hay gente.

5 Marisa y Ana entran en la cafetería. Detrás de la barra está Jaime, el barman.

– Hola, Ana –saluda Jaime.

– Hola, Jaime.

– ¿Quién es tu amiga? ¿Es nueva?

10 – Es mi prima del pueblo.

– ¡Ah, hola! ¿Cómo te llamas?

– Marisa.

– Yo me llamo Jaime. ¿De qué pueblo eres?

– De Casar del Río.

15 – Pues en Casar del Río hay unas chicas muy guapas.

– Oye, Jaime, tenemos prisa. Yo voy a tomar un bocadillo de jamón y una cerveza. ¿Y tú, Marisa?

– Una coca-cola.

– ¿No quieres comer nada?

20 – No, nada, gracias.

Jaime trae el bocadillo de jamón, un botellín de cerveza, una botella de coca-cola y dos vasos.

– Oye, –pregunta Jaime– ¿qué día tenéis libre?

– El sábado.

25 – Yo también. Tengo un amigo muy simpático. ¿Por qué no vamos los cuatro a bailar el sábado?

– No sé. Faltan muchos días; hoy es lunes. Y tengo que enseñar a Marisa Madrid: las calles, las tiendas, los cines, los teatros…

– Podemos ver Madrid juntos.

30 – ¡Eh, son ya las once y media! ¿Cuánto debemos?

---

7 **saludar** (be)grüßen | 16 **tener prisa** es eilig haben | 21 **un botellín de cerveza** eine kleine Flasche Bier | 26 **los cuatro** alle vier | 27 **Faltan muchos días.** Bis dahin ist es noch lange.

– Para vosotras cuatro euros con cincuenta.

– Toma. ¡Hasta luego!

Marisa y Ana vuelven al trabajo, pero Marisa está contenta. Es joven, es bonita, tiene trabajo y está, por primera vez en su vida, en una gran ciudad.

Preguntas

1. ¿Qué tiene que hacer Marisa?
2. ¿Cómo es la habitación?
3. ¿Cuánto cuesta?
4. ¿Hasta qué hora trabajan Marisa y Ana?
5. ¿Tiene hambre Marisa?
6. ¿Hace calor?
7. ¿Dónde está la cafetería?
8. ¿Quién es Jaime?
9. ¿Qué pregunta Jaime a Marisa?
10. ¿Qué toman Ana y Marisa?
11. ¿Qué día tienen libre Marisa y Ana?
12. ¿Qué quieren hacer?
13. ¿Está contenta Marisa? ¿Por qué?

Ejercicio

Responda utilizando el antónimo.

Ej.: ¿Hace calor?
No, hace *frío*.

1. ¿Hace calor?
2. ¿Está cerrada la puerta?
3. ¿Es barata la habitación?
4. ¿Está sucio el cuarto de baño?
5. ¿Está Jaime delante de la barra?

4. Marisa va de compras

Las camareras del hotel tienen dos horas libres después de la comida. Muchas duermen la siesta, porque se levantan temprano y están cansadas.

5 Ana y Marisa están en su cuarto. Ana está escribiendo una carta.

– Me gustaría salir –dice Marisa–. Tengo que comprar un peine, unas medias y varias cosas más.

– Yo no puedo salir ahora contigo, pero puedes ir sola; es muy 10 fácil. Mira, sales del hotel y tomas a la derecha. Al final de esta calle hay una calle muy ancha. Es la Gran Vía. Allí hay toda clase de tiendas.

Marisa sigue las instrucciones de Ana y llega a la Gran Vía. Hay mucha gente, muchos coches y el aire está muy contaminado, pero 15 Marisa no piensa en la contaminación porque está mirando los altos edificios y los lujosos escaparates de las tiendas. «¡Qué altas son las casas de Madrid! – piensa –. Dos o tres veces más altas que la torre de la iglesia del pueblo. ¡Y las tiendas! ¡Qué lujo! Me gustaría tener mucho dinero para comprar esas cosas tan bonitas».

20 Por fin encuentra una perfumería y entra. Es una tienda pequeña, pero muy elegante, decorada en blanco y azul. En los estantes hay cremas y perfumes de nombre extranjero.

– ¿Qué desea? –dice una señora también vestida de azul. No es muy joven pero su cutis, cuidadosamente maquillado, apenas 25 tiene arrugas. Marisa se siente muy pueblerina; le gustaría salir corriendo de la tienda.

---

1 **ir de compras** einkaufen gehen | 3 **temprano** früh(zeitig) | 7 **el peine** der Kamm | 8 **las medias** die Strümpfe | 10 **tomar a la derecha** rechts einbiegen | 11 **ancho** breit | 13 **la instrucción** *hier:* die Anweisung | 14 **contaminado** verschmutzt | 15 **la contaminación** die (Luft-)Verschmutzung | 20 **la perfumería** die Parfümerie | 21 **decorado** dekoriert; geschmückt | 21 **el estante** das Regal | 24 **el cutis** der Teint | 24 **maquillado** geschminkt | 24 **apenas** kaum | 25 **la arruga** die Falte, die Runzel | 25 **pueblerino** Provinzler

– Quiero un peine –contesta tímidamente.

La señora pone varios peines sobre la mesa.

– ¿Cuánto cuesta éste? –pregunta Marisa tomando uno al azar.

– Cuatro euros.

– ¿Y éste?

– Siete euros. Es de mejor calidad. Pero el mejor de todos es éste. Un peine muy elástico, fuerte y bonito.

– Sí, pero, ¿cuánto cuesta?

– Diez euros con cincuenta, pero en realidad es más barato que los otros, porque dura más tiempo.

– Bien, pues deme éste.

– ¿Necesita algo más? ¿Una crema, una leche limpiadora?

– Pues no… No uso esas cosas.

– ¿No? Perdone la pregunta, pero…, ¿con qué se lava usted la cara?

– Con agua y jabón.

– ¡Qué horror! La piel se estropea con el jabón. Debe usar una leche limpiadora. Y por la noche debe usar una crema. Es usted muy joven, pero nunca es demasiado pronto para cuidar el cutis.

Marisa no sabe resistir y al final compra la leche limpiadora, una crema, polvos y una barra de labios. Paga y tiene que volver al hotel porque ya no tiene más dinero.

Cuando entra en el hotel, Ana continúa escribiendo.

– ¿Ya estás aquí, Marisa? ¿Qué tal?

– Pues… regular.

Enseña a Ana todas sus compras y Ana sonríe.

– Las vendedoras madrileñas son muy listas – dice.

5

10

15

20

25

---

1 **tímidamente** schüchtern | 3 **al azar** aufs Geratewohl, blindlings | 7 **elástico** elastisch | 9 **en realidad** eigentlich | 13 **usar** benutzen, anwenden | 17 **estropearse** kaputtgehen, beschädigt werden | 18 **la leche limpiadora** die Reinigungsmilch | 20 **resistir** sich wehren; widerstehen | 21 **los polvos** der Puder | 21 **la barra de labios** der Lippenstift | 26 **sonreír** lächeln | 27 **listo** klug; clever

Preguntas

1. ¿Qué hacen muchas camareras después de la comida?
2. ¿Qué hace Ana?
3. ¿Qué quiere comprar Marisa?
4. ¿Qué hay en la Gran Vía?
5. ¿Cómo es el aire?
6. ¿Qué piensa Marisa?
7. ¿Dónde entra?
8. ¿Cómo es la perfumería?
9. ¿Cómo es la dueña de la tienda?
10. ¿Cómo se siente Marisa?
11. ¿Qué peine compra? ¿Por qué?
12. ¿Con qué se lava Marisa la cara?
13. ¿Qué compra al fin?
14. ¿Porqué vuelve al hotel?
15. ¿Qué dice Ana?

Ejercicio 1

Responda utilizando "estar + gerundio".

Ej.: ¿Qué hace Ana?
   Está escribiendo una carta.

1. Ana escribe una carta.
2. Las camareras descansan.
3. Doña Clara toma café.
4. Tú lees el periódico.
5. Vosotros compráis unos sellos.

Ejercicio 2

Responda utilizando el antónimo.

Ej.: ¿Te levantas *temprano?*
    No, me levanto *tarde.*

1. ¿Te levantas temprano?
2. ¿Se siente usted mal?
3. ¿Os despertáis tarde?
4. ¿Te afeitas por la tarde?
5. ¿Se han ido ya?

5. Una tarde libre

Hoy es sábado y Marisa y Ana tienen la tarde libre. Piensan ir a una discoteca con Jaime, el barman, y otro amigo.

Las dos primas están muy contentas mientras se visten y se arreglan en su habitación. Marisa saca un vestido del armario.

– ¿Te gusta este vestido? – pregunta.

– Sí, está bien.

– Mm… No sé… ¿No lo encuentras un poco pueblerino?

– Bueno…

– En el pueblo no hay vestidos tan bonitos como en Madrid.

– ¿No tienes una falda azul?

– Sí, aquí la tengo.

– Yo tengo una blusa blanca de seda, sin mangas. Si la quieres, va muy bien con tu falda.

– Pero, Ana, tú la necesitas también y…

– No, yo no la necesito. Tengo otras blusas. Toma, Marisa.

– ¡Gracias! –Oye, ¿dónde están mis zapatos negros? No los veo.

– Están debajo de la cama.

– Ah, sí, es verdad.

– ¿Y mis medias? No las encuentro.

– Están en el cajón.

Ana y Marisa están un poco nerviosas, sobre todo Marisa, porque es la primera vez que va a un baile en Madrid. Por fin acaban de arreglarse.

– ¿Qué hora es? – pregunta Ana. – Mi reloj está parado.

– Son las siete menos cuarto.

– Es muy tarde. Jaime y su amigo nos esperan junto a la puerta de servicio.

– Mira por la ventana, a ver si están ya allí.

---

4 **vestirse** sich anziehen | 4 **arreglarse** sich schönmachen, sich herrichten | 5 **el armario** der Schrank | 13 **la seda** die Seide | 13 **sin mangas** ärmellos | 13 **Va muy bien con tu falda.** Es passt sehr gut zu deinem Rock. | 27 **la puerta de servicio** der Diensteingang

Ana mira por la ventana.

– Sí, veo a Jaime.

– ¿Ves a su amigo también? ¿Cómo es?

– Es alto y moreno. Tiene buen aspecto.

5 – ¡Qué bien! Vamos.

Ana y Marisa bajan la escalera y llegan a la puerta de servicio. Cuando las ve, dice Jaime:

– ¡Hola! ¡Qué guapas estáis!

– Gracias.

10 – Éste es mi amigo Luis Álvarez. Trabaja en un banco. Aquí Ana y Marisa, las chicas más guapas del hotel.

– ¡Encantado!

– ¿Trabajas en un banco? –pregunta Ana.– ¿Y qué haces allí?

– Estoy todo el día sentado frente al ordenador. Es bastante abu-
15 rrido.

– Bueno, ahora no vamos a hablar del trabajo, ¿verdad? –dice Jaime.

– No, desde luego. ¿Os gusta bailar?

– Sí, mucho. –contesta Ana.

20 – ¿Y a ti?

– También me gusta –dice Marisa– pero no bailo muy bien.

– Eso no importa. Jaime y yo somos muy buenos profesores.

Los cuatro ríen y se dirigen a la discoteca.

---

12 **¡Encantado!** Sehr erfreut! | 14 **aburrido** langweilig | 18 **desde luego** selbstverständlich |
22 **Eso no importa.** Das spielt keine Rolle.

Preguntas

1. ¿Por qué tienen Ana y Marisa la tarde libre?
2. ¿Adónde piensan ir?
3. ¿Con quién?
4. ¿Por qué no le gusta a Marisa su vestido?
5. ¿Cómo es su blusa?
6. ¿Dónde están los zapatos de Ana?
7. ¿Dónde están las medias de Marisa?
8. ¿Porqué está nerviosa Marisa?
9. ¿Dónde esperan Jaime y su amigo?
10. ¿Cómo es el amigo de Jaime?
11. ¿Qué hace Luis en el banco?
12. ¿Le gusta bailar a Marisa?

Ejercicio 1

Responda como en el modelo.

¿Dónde están los zapatos?
No los veo.

1. ¿Dónde están los zapatos?
2. ¿Dónde están mis medias?
3. ¿Dónde está la blusa azul?
4. ¿Dónde está el vestido verde?
5. ¿Dónde están mis pantalones?
6. ¿Dónde está mi abrigo?

Ejercicio 2

Responda como en el modelo.

¿Qué me pongo, el abrigo o la chaqueta?
Debes ponerte el abrigo.

1. ¿Qué me pongo, el abrigo o la chaqueta?
2. ¿Qué nos compramos, un coche o un piso?
3. ¿A qué hora nos acostamos, pronto o a medianoche?
4. ¿Cuándo nos arreglamos, ahora o más tarde?
5. ¿Me visto ya o espero un poco?
6. ¿Me levanto a las seis o a las nueve?

6. La carta

La señora Antonia, la madre de Marisa, va por la calle y se encuentra a la señora Paca, su vecina.

– Buenos días, Antonia. ¿Cómo estáis todos?

– Bien, gracias.

– ¿Habéis tenido noticias de Marisa?

– Sí, ha llamado dos veces por teléfono.

– ¿Pero no ha escrito todavía?

– No, todavía no ha escrito. Es un poco perezosa y además tiene mucho trabajo.

– ¿Y está contenta en el hotel?

– Sí, está contenta.

Mientras hablan pasa Mariano, el cartero.

– ¡Buenos días! Señora Antonia, tengo una carta para usted.

– ¡Una carta! ¡Debe ser de Marisa!

– Tome. Así no tengo que ir a su casa.

– Gracias, Mariano.

La señora Antonia coge la carta. Efectivamente es de Marisa. La abre y lee:

---

3 encontrarse a up jdn treffen | 6 la noticia die Nachricht, die Neuigkeit | 9 perezoso faul |
13 el cartero der Briefträger | 18 coger *in Spanien:* nehmen | 18 efectivamente tatsächlich

Madrid, 5 de abril de 2008

Queridos padres y hermanos, querido abuelo:
 Por fin tengo tiempo para escribir. Los días
pasan muy deprisa en Madrid.
 Nos levantamos a las seis y media, desayunamos
y empezamos a trabajar a las ocho. Hay que
limpiar las habitaciones y los cuartos de baño,
hacer las camas y retirar los servicios del
desayuno. Comemos a la una, antes que los
huéspedes del hotel, y luego tenemos tiempo libre
hasta las cuatro. Muchos días Ana y yo
dormimos la siesta, porque estamos muy cansadas. Otros días salimos o escribimos cartas. A
las cuatro ayudamos a guardar la ropa que viene
de la lavandería y hacemos otros trabajos. Cuando
termina el trabajo unas veces salimos y otras
nos quedamos en el hotel y vemos la televisión.
Tenemos un cuarto de estar para las camareras.
 Todavía no conozco bien Madrid, porque es
muy grande. Solo conozco las calles cercanas al
hotel. Hay casas muy altas, muchas tiendas,
muchos cines y muchos teatros, pero no hay
árboles. Me gustaría ver árboles.
 He comprado algunas cosas: una blusa, un
jersey y unos zapatos. He ido un día al cine
y otro día a una discoteca con Ana y unos amigos.
Mañana vamos a ver una exposición.
 Estoy contenta en Madrid, pero os recuerdo
mucho. Escribid pronto, también los pequeños.
                     Un abrazo muy fuerte de
                             Marisa

4 **deprisa** schnell – 8 **retirar** *hier:* abräumen, zurücktragen – 8 **el servicio del desayuno** das Frühstücksgeschirr – 10 **el huésped** der Gast – 14 **guardar** *hier:* einräumen – 15 **la lavandería** die Wäscherei – 16 **Unas veces salimos y otras…** Manchmal gehen wir aus und manchmal … – 18 **el cuarto de estar** das Wohnzimmer; *hier:* der Aufenthaltsraum – 20 **cercano** nahe (bei), in der Nähe – **la revista** *hier:* die Revue – 28 **recordar** sich erinnern an

– ¿Qué dice? –pregunta la señora Paca. La señora Paca es muy curiosa.

–Nada de particular; que está bien y contenta.

– ¡Ah!

La señora Antonia piensa: «Quieres leer la carta, pero no me da la gana. La carta es para mí. Es mía. Bueno, nuestra», –se corrige pensando en su marido, en su suegro y en sus hijos.

– Adiós, Paca, me voy a casa corriendo. Tengo que llevar la carta a mi marido.

– Bueno, adiós.

La señora Paca se queda un poco desilusionada.

Preguntas

1. ¿A quién se encuentra la señora Antonia en la calle?
2. ¿Qué preguntas hace la señora Paca?
3. ¿Qué contesta la señora Antonia?
4. ¿Quién es Mariano?
5. ¿Por qué no ha escrito antes Marisa?
6. ¿A qué hora se levantan las camareras?
7. ¿Por qué duermen la siesta muchos días?
8. ¿Qué hacen por la tarde?
9. ¿Dónde ven la televisión?
10. ¿Cómo es Madrid, según Marisa?
11. ¿Qué calles conoce Marisa?
12. ¿Qué hay en esas calles?
13. ¿Qué ha comprado Marisa?
14. ¿Qué piensa la señora Antonia?
15. ¿Adónde va?

---

3 **nada de particular** nichts Besonderes | 5 **No me da la gana.** Ich mag (es) nicht. |
6 **corregirse** sich verbessern | 11 **desilusionado** enttäuscht

Ejercicio

Complete con una frase como en el modelo.

Las habitaciones están sucias.
Nosotras *tenemos que limpiarlas.*

5 1. Las habitaciones están sucias.
   2. Las camas están deshechas.
   3. Los cuartos están desordenados.
   4. Las puertas están cerradas.
   S. Las luces están encendidas.
10 6. Las neveras están vacías.

7. El primer sueldo

Marisa ha cobrado ya su primer sueldo. Al abrir el sobre se lleva una desilusión.

– Oye, Ana, ¡aquí no hay 1.200 euros!

5 – No, claro. Descuentan la seguridad social y los impuestos.

– ¿La seguridad social es eso del médico y las medicinas?

– Sí, y el seguro de desempleo, y la jubilación…

– Ya.

De todas maneras está muy contenta, porque nunca ha visto
10 tanto dinero junto. Empieza a pensar en todas las cosas que quiere comprarse: una chaqueta, un bolso, ropa interior… Pero también se acuerda de sus padres, de su abuelo y de sus hermanos pequeños, que siempre necesitan zapatos, pantalones nuevos y libros para la escuela.

15 – Ana, quiero enviar a mi madre 150 euros. ¿Qué tengo que hacer?

– Lo mejor es un giro postal. ¿Sabes dónde está Correos? En la plaza de la Cibeles; es ese edificio tan grande de las torres.

– Ah, sí.

20 Marisa va a Correos. Es un edificio enorme y hay muchas puertas. Marisa entra por la puerta principal, que tiene una escalera majestuosa, como en un palacio.

Hay mucha gente que sube y baja y Marisa no sabe adónde ir. Quiere preguntar, pero no ve ningún conserje. Por fin ve a un señor
25 de uniforme que está de pie junto a una puerta.

– Oiga, por favor, ¿para enviar un giro postal?

---

2 cobrar el sueldo das Gehalt bekommen | **2 al abrir el sobre** Beim Öffnen des Umschlags | **2 llevarse una desilusión** eine Enttäuschung erleben | **5 descontar** abziehen | **5 la seguridad social** die Sozialversicherung | **5 el impuesto** die Steuer | **7 el seguro de desempleo** die Arbeitslosenversicherung | **7 la jubilación** *hier:* die Rentenversicherung | **9 de todas maneras** jedenfalls | **11 la ropa interior** die Unterwäsche | **17 lo mejor** das Beste | **17 el giro postal** die Postanweisung | **22 majestuoso** prunkvoll | **22 el palacio** der Palast | **24 el conserje** der Pförtner | **24 por fin** endlich | **24 un señor de uniforme** ein Mann in Uniform

– Yo no sé nada, señorita. Pregunte a algún conserje.
El señor no es un conserje. Es un oficial de marina.
– Allí hay un conserje – dice el oficial más amablemente.
Marisa va hacia el conserje y pregunta.
– Primer piso a la izquierda – dice él.   5
Marisa sube y ve muchas ventanillas. En una pone: «Giros postales» y Marisa se acerca.
– Oiga, quiero mandar un giro a Casar del Río, provincia de…
– Haga el favor de rellenar este impreso – le interrumpe el
empleado, dándole uno.   10
Marisa coge el impreso, busca un bolígrafo y se sienta ante una
mesa para rellenarlo. No lo ha hecho nunca y lo encuentra muy
difícil. Hay letras negras y letras rojas y está dividido en cuatro
partes. Marisa, con el bolígrafo en la mano, no sabe por dónde
empezar.   15
– ¿Qué pasa, señorita? ¿No sabe rellenar el impreso? –pregunta
un señor de pelo blanco sentado junto a ella.
– No… No he rellenado nunca un impreso así.
– Es muy fácil. Usted tiene que rellenar solamente los espacios
en negro. ¿Ve usted? Aquí escribe usted la cantidad que quiere   20
enviar. Aquí, donde pone «origen», tiene que escribir «Madrid».
Aquí el nombre y los apellidos de la persona que va a recibir el
dinero, el pueblo o la ciudad, calle y número. Y aquí su nombre y
sus señas. Por último la fecha de hoy.
– Sí, ahora ya lo entiendo. ¡Muchas gracias! Lo ha explicado   25
usted muy bien.
– He sido funcionario de Correos durante 40 años. Ahora estoy
jubilado.

---

2 **un oficial de marina** ein Marineoffizier | 3 **amablemente** freundlich, liebenswürdig | 6 **En una ventanilla pone:** An einem Schalter steht: | 7 **acercarse** sich nähern | 9 **el impreso** das Formular | 9 **interrumpir** unterbrechen | 13 **Está dividido en** Es ist eingeteilt in | 19 **el espacio** *hier:* der Zwischenraum | 21 **el origen** *hier:* der Absendeort | 24 **las señas** die Adresse | 27 **el funcionario** der Beamte | 28 **jubilado** pensioniert

– ¡40 años! ¿No es un poco aburrido trabajar siempre en el mismo sitio?

El señor se ríe.

– Sí, pero algo hay que hacer, ¿no? Hay que comer, hay que educar a los hijos… ¿Trabaja usted también?

– Sí, trabajo de camarera en un hotel, ¡pero no quiero trabajar allí 40 años!

– No, claro. Es usted muy joven y puede estudiar y buscar otro empleo.

– Sí, tengo que hacer algo. Bueno, ya he terminado. Adiós y muchas gracias.

– De nada. Adiós.

Preguntas

1. ¿Por qué se lleva Marisa una desilusión?
2. ¿Qué le descuentan?
3. ¿Por qué está contenta de todas maneras?
4. ¿Qué quiere comprarse?
5. ¿De quién se acuerda?
6. ¿Dónde está Correos?
7. ¿Cómo es?
8. ¿Cómo es la escalera?
9. ¿Qué busca Marisa?
10. ¿Dónde está la ventanilla de giros postales?
11. ¿Qué tiene que hacer Marisa?
12. ¿Qué tiene que escribir Marisa?
13. ¿Qué ha sido el señor de pelo blanco?
14. ¿Cuánto tiempo ha sido funcionario de Correos?
15. ¿Qué dice Marisa?
16. ¿Qué contesta el señor?

---

2 el sitio der Ort; die Stelle | **9 el empleo** die Arbeitsstelle

Ejercicio 1

Responda como en el modelo.

¿Tiene usted impresos de giro postal?
No, no tengo ninguno.

1. ¿Tiene usted impresos de giro postal?
2. ¿Tiene usted bolígrafos?
3. ¿Ha visto usted por aquí algún conserje?
4. ¿Tiene usted algún seguro?
5. ¿Ha traído usted alguna carta para mí?
6. ¿Conoces a alguna camarera del hotel?

Ejercicio 2

Transforme las frases como en el modelo.

Pregunte a un conserje.
Haga el favor de preguntar a un conserje.

1. Pregunte a un conserje.
2. Rellene usted este impreso.
3. Hablen con aquel señor.
4. Suba usted al primer piso.
5. Pida usted un bolígrafo.

8. Una llamada telefónica

El cuarto de estar de las camareras está junto a la cocina. Hay allí unas mesas, unas sillas, algunas revistas y un viejo televisor. Las chicas han pedido un reproductor de DVD, pero son muy caros y
5 los dueños del hotel no quieren gastar dinero.

Marisa y Ana, con otras compañeras, están viendo la televisión, pero el programa es muy aburrido.

– Este programa es un rollo – dice Elena, una de las camareras.

– ¿Hay algo en la Segunda Cadena?
10 – Un partido de baloncesto.

– ¡Bah! A mí no me interesa el baloncesto. ¿Por qué no jugamos a las cartas?

– Yo prefiero ver la televisión – dice otra chica.

– ¿Y vosotras? Ana, Marisa, ¿queréis jugar?
15 – Bueno.

– Necesitamos otra más. Si somos cuatro, podemos jugar a la canasta. ¿Juegas tú, Carmen?

– Bueno, pero sólo un rato. A las nueve tengo una cita.

– ¿Ah, sí? ¿Con quién?
20 – ¡Y eso a ti qué te importa, curiosa!

– Perdona, hija. Bien, Marisa y Ana juegan juntas y tú juegas conmigo.

– ¿Y qué nos jugamos?

– Un café –dice Ana.
25 – Bah, eso no es nada. Nos jugamos un aperitivo. Un buen aperitivo, con tapas.

---

4 el reproductor de DVD der DVD-Player | **5 gastar** ausgeben | **8 Es un rollo.** Es ist ein alter Schinken. | **9 la segunda cadena** das zweite Programm | **10 el baloncesto** der Basketball; das Basketballspiel | **11 interesar** interessieren | **11 jugar a las cartas** Karten spielen | **18 sólo un rato** nur eine Weile | **18 la cita** die Verabredung, das Rendezvous | **20 ¡A ti qué te importa!** Was geht dich das an! | **23 ¿Qué nos jugamos?** Um was spielen wir?

Las cuatro muchachas empiezan a jugar. Al principio Marisa y Ana tienen mala suerte pero luego la suerte cambia y ganan.

– Ahora nos debéis un aperitivo –dice Ana.

– Sí, vamos a la cafetería –dice Marisa.

– Bueno, vamos.

En la cafetería. Jaime está detrás de la barra y se alegra de verlas.

– ¡Qué sorpresa! Nunca venís a estas horas.

– Hemos jugado a la canasta y Marisa y yo hemos ganado –dice Ana.

– Ahora Elena y Carmen tienen que invitarnos a un aperitivo.

– Muy bien. ¿Qué queréis?

Marisa y Ana piden una cerveza, Elena un vermú y Carmen un vino blanco. Piden también unas tapas: dos raciones de ensaladilla y dos de calamares fritos.

Cuando están tomando el aperitivo llega Juanito, el botones.

– Oye, Marisa, te llaman por teléfono. Puedes hablar en la cabina, junto a la recepción.

Marisa va a la cabina y coge el teléfono.

– ¿Quién es? – pregunta.

– Soy yo, Marisa. ¿Cómo estás?

– ¡Mamá! ¡Qué alegría! Estoy muy bien. ¿Y vosotros?

– Todos bien. He recibido tu giro. ¡Muchas gracias, hija! Los niños están muy contentos. Voy a comprar zapatos y unos vaqueros para Pedrito.

– ¿Y cómo está papá?

– Está bien. Ahora está en casa, viendo la televisión. Hay un partido de baloncesto y ya sabes que le gustan mucho los deportes. Pero dime, ¿estás bien? ¿Estás contenta? ¿Comes bastante?

---

2 la mala suerte das Pech | 2 La suerte cambia. Das Glück wechselt (seinen Besitzer). |
8 la sorpresa die Überraschung | 14 la ensaladilla der russische Salat | 15 frito gebraten;
gebacken | 16 el botones der Hotelboy | 18 la cabina die Telefonzelle, die Kabine | 24 los
(pantalones) vaqueros die Jeans

– Sí, mamá, no debes preocuparte.

– Tengo que terminar, porque las conferencias son muy caras. Adiós, Marisa, un abrazo de todos.

– Yo también os envío un abrazo. Adiós, mamá.

Marisa cuelga el teléfono y vuelve a la cafetería. Sus amigas se han comido toda la ensaladilla y todos los calamares, pero a Marisa no le importa. ¡Ha hablado con su madre!

Preguntas

1. ¿Dónde está el cuarto de estar de las camareras?
2. ¿Qué hay allí?
3. ¿Por qué no tienen DVD?
4. ¿Qué hacen Marisa y Ana?
5. ¿Qué hay en la segunda cadena?
6. ¿Qué hacen entonces Marisa, Ana y dos compañeras?
7. ¿Qué se juegan?
8. ¿Quién gana?
9. ¿Qué piden las cuatro amigas?
10. ¿Quién llega cuando están tomando el aperitivo?
11. ¿Adónde va Marisa?
12. ¿Qué quiere comprar la madre de Marisa?
13. ¿Dónde está su padre?
14. ¿Qué pregunta la madre?
15. ¿Qué ha pasado con la ensaladilla y los calamares?

1 preocuparse sich Sorgen machen | **2 la conferencia** *hier:* das Telefongespräch | **5 colgar el teléfono** den Hörer auflegen

Ejercicio

Responda como en el modelo.

¿Qué quieres, una cerveza?
No, no me gusta la cerveza; *prefiero un vino tinto.*

1. ¿Qué quieres, una cerveza? (vino tinto)
2. ¿Qué quiere tu amiga, un vermú? (vino blanco)
3. ¿Qué queréis, una ensaladilla? (calamares fritos)
4. ¿Qué quiere usted, un café? (té con leche)
5. ¿Qué quieren aquellos señores, unas tapas? (helados)

Conversación

1. ¿Qué le gusta más, practicar un deporte o verlo en la televisión? ¿Por qué?
2. ¿Prefiere usted escribir a los amigos o llamarles por teléfono? ¿Por qué?

9. Marisa tiene anginas

Marisa se ha despertado con dolor de cabeza y de garganta. Ana tiene un termómetro y Marisa se lo pone: tiene más de 38 grados de fiebre.

Ana va a avisar a doña Clara, la jefa de las camareras,y ésta llama por teléfono al médico del Seguro.

Dos horas más tarde llega el médico. Doña Clara le acompaña. Es un hombre de unos 35 años, alto y muy delgado: lleva gafas y parece tener mucha prisa.

– A ver, ¿qué le pasa a usted? – pregunta nada más entrar en la habitación.

– Me duele mucho la cabeza y la garganta –dice Marisa– y además tengo fiebre. Treinta y ocho dos.

– Deme usted la mano.

Marisa, que está un poco atontada con la fiebre, cree que la va a saludar, pero no es eso: le toma el pulso.

– Sí, el pulso está un poco rápido. Abra usted la boca. Marisa abre la boca.

– Más, más. Y haga el favor de sacar la lengua. Quiero ver la garganta.

Marisa abre más la boca y saca la lengua. El médico mira con ayuda de una linternita.

– Está claro. Tiene amigdalitis – dice a doña Clara.

– ¿Qué? – dice Marisa un poco asustada.

– Anginas – explica doña Clara.

– ¡Ah!

---

1 las anginas die Angina | 3 Se lo pone. (el termómetro) Sie misst das Fieber. | 5 avisar benachrichtigen, verständigen | 8 las gafas die Brille | 10 nada más entrar sofort nach dem Eintreten | 15 atontado *hier:* benommen | 16 tomar el pulso den Puls fühlen | 17 rápido *hier:* hoch | 19 la lengua die Zunge | 22 la linternita die kleine Taschenlampe | 23 la amigdalitis die Mandelentzündung | 24 asustado erschrocken

– No tiene importancia, pero debe cuidarse. Voy a darle dos recetas: un spray para la garganta y unas pastillas. Tome usted una pastilla cada ocho horas.

– Voy a mandar al botones a la farmacia – dice doña Clara.

– Quédese usted dos días en la cama – sigue el médico –. Pasado mañana, si no tiene fiebre, puede levantarse unas horas. Si no baja la fiebre, avíseme usted.

– Bien – dice Marisa.

– ¿Puedo lavarme las manos? – pregunta el médico a doña Clara.

– Sí, venga conmigo. – Adiós, jovencita.

– Adiós, doctor, muchas gracias.

Doña Clara y el médico salen de la habitación. Marisa se queda sola y se siente un poco desgraciada.

Un rato más tarde llaman a la puerta.

– ¡Adelante! – dice Marisa.

Es Juanito, el botones.

– ¡Hola, Marisa! ¿Cómo estás?

– Regular. Tengo anginas.

– Bah, eso no es nada. Enseguida te pones bien.

Oye, aquí tienes las medicinas. Y este paquetito que me ha dado para ti Jaime, el del bar.

– Gracias, Juanito.

– Hasta luego.

– Hasta luego.

Marisa abre el paquetito. Son unos caramelos, y hay también una cartita de Jaime:

«Estos caramelos son estupendos para la garganta. A ver si te pones pronto buena. He sacado unas entradas para el Capitol.

---

1 No tiene importancia. Es ist nicht schlimm. | **1 cuidarse** sich schonen, sich pflegen | **3 cada ocho horas** alle acht Stunden | **14 desgraciado** unglücklich | **16 ¡Adelante!** Herein! | **21 la medicina** die Arznei | **26 el caramelo** das Bonbon | **29 ponerse bueno** gesund werden

El sábado hay una película muy buena, con Colin Farrell y Reese Witherspoon. Tienes que venir conmigo.

Cariñosos saludos.

Jaime»

Después de leer la nota Marisa se siente mucho mejor.

Preguntas

1. ¿Cómo se ha despertado Marisa?
2. ¿Tiene fiebre?
3. ¿A quién avisa Ana?
4. ¿Cómo es el médico?
5. ¿Qué pregunta?
6. ¿Qué tiene Marisa?
7. ¿Qué debe hacer?
8. ¿Qué debe tomar?
9. ¿Cómo se siente Marisa cuando se queda sola?
10. ¿Qué trae el botones?
11. ¿Qué hay en el paquetito?
12. ¿Adónde quiere ir Jaime con Marisa?
13. ¿Cómo se siente Marisa después de leer la carta?

---

3 **cariñosos saludos** herzliche Grüße

Ejercicio

Responda como en el modelo.

¿Está *enferma* Marisa?
No, ya se ha puesto buena.

1. ¿Está enferma Marisa?
2. ¿Están tristes tus amigos?
3. ¿Está peor el enfermo?
4. ¿Está caro el marisco?

Conversación

1. ¿Qué hace usted cuando está enfermo? ¿Llama usted siempre al médico? ¿Toma muchas medicinas?
2. ¿Cómo es su médico?

10. Las rebajas

Marisa ya está bien y ayer salió a la calle por primera vez. Al pasar por unos grandes almacenes vio unos letreros en los escaparates y leyó: «Rebajas fin de temporada. Precios bajísimos». «¡Qué
5 oportunidad! –pensó–. Ahora puedo comprar a buen precio todo lo que necesito».

Entró en los almacenes abriéndose paso entre la gente y vio un mostrador lleno de jerseys de muchos colores y otro letrero: «Shetland, 10 euros». Se acercó al mostrador y empezó a buscar
10 en el montón. Encontró por fin un jersey azul muy bonito de su talla. Cuando iba a cogerlo, una señora tiró del jersey y dijo muy enfadada: «Este jersey es para mí. Yo lo he visto primero.» Marisa buscó otro jersey igual, pero ya no encontró ninguno de su talla y compró uno de una talla más pequeña.

15 Luego fue a la sección de blusas y faldas y vio unas blusas bonitas y bastante baratas. Una de ellas le gustó y Marisa preguntó a una dependienta:

– Señorita, ¿puedo probarme esta blusa?

– No, lo siento. Son blusas rebajadas. Pero puede ponerse la
20 blusa encima del vestido para ver si es su talla. Ahí hay un espejo.

Marisa se acercó al espejo, pero dos señoras se colocaron delante, así que no vio mucho. Sin embargo se compró la blusa.

«Ahora voy a mirar los zapatos» –se dijo Marisa, y subió a la sección de zapatería en la segunda planta. Vio muchos zapatos y
25 como no le parecieron caros compró unos zapatos negros y unas sandalias de verano.

---

1 **las rebajas** herabgesetzte Ware | 2 **Al pasar por...** Als sie an … vorüberging … | 3 **el letrero** die Aufschrift, das Schild | 3 **el escaparate** das Schaufenster | 4 **leyó** sie las | 4 **¡Qué oportunidad!** Was für eine gute Gelegenheit! | 7 **abrirse paso** sich durchdrängen | 8 **el mostrador** der Ladentisch | 10 **el montón** der Haufen | 11 **la talla** die Kleidergröße | 11 **tirar de** ziehen an | 12 **enfadado** böse, wütend | 15 **la sección** die Abteilung | 18 **probarse** anprobieren | 19 **rebajado** herabgesetzt | 19 **ponerse** anziehen | 21 **colocarse** *hier:* sich anstellen | 22 **sin embargo** trotzdem | 26 **las sandalias** die Sandalen

Por último fue a la sección de ropa interior y compró varias cosas más.

Volvió al hotel cargada de paquetes. Cuando entró en la habitación Ana le dijo:

– Pero, Marisa, ¿de dónde vienes? ¿Qué has comprado?

– Hay rebajas en el Corte Inglés, ¿sabes? He comprado un jersey, una blusa, unos zapatos, medias y un pijama.

– ¿Sí? A ver.

Marisa abrió los paquetes y le enseñó todas sus compras.

– El jersey es bonito, pero es un poco pequeño para ti, ¿no crees?

– Sí, quizás… pero puedo cambiarlo, ¿no?

– No, no puedes. No cambian los artículos rebajados.

– ¡Ah!

– Pruébate la blusa.

Marisa se la probó.

– ¿No es un poco grande?

– Sí, un poco, pero…

– A ver, enséñame los zapatos. Mm… Estas sandalias no son de piel… y los zapatos tampoco.

– Es verdad… No me di cuenta.

– Hay siempre tanta gente en las rebajas… No hay tiempo para mirar bien las cosas. ¿Sabes, Marisa? No hay que fiarse de las rebajas de los grandes almacenes. Muchas veces no son rebajas de verdad, son artículos de segunda calidad. Es mejor comprar en las rebajas de tiendas pequeñas. Allí sí se encuentran de vez en cuando cosas muy buenas y muy baratas.

La pobre Marisa piensa que todavía tiene que aprender muchas cosas en Madrid.

3 cargado de beladen mit | 7 el pijama der Schlafanzug | 13 el artículo *hier:* die Ware | 20 la piel *hier:* das Leder | 23 fiarse (de up/uc) (jdm/einer Sache) trauen | 24 muchas veces oft | 25 la calidad die Qualität | 26 de vez en cuando von Zeit zu Zeit

Preguntas

1. ¿Adónde fue ayer Marisa?
2. ¿Adónde entró?
3. ¿Qué vio en un mostrador?
4. ¿Qué compró?
5. ¿Qué preguntó a una dependienta?
6. ¿Qué pasó cuando Marisa se acercó al espejo?
7. ¿Qué compró en la sección de zapatería?
8. ¿Cómo volvió al hotel?
9. ¿Cambian en los almacenes los artículos rebajados?
10. ¿Por qué no se compra bien en las rebajas?
11. ¿Por qué es mejor comprar en tiendas pequeñas?

Ejercicio

Responda como en el ejemplo.

¿Ha salido ya Marisa a la calle?
Sí *ayer salió* a la calle.

1. ¿Ha salido ya Marisa a la calle?
2. ¿Ha visto ya las rebajas?
3. ¿Se ha comprado un pijama y unas medias?
4. ¿Han estado ustedes en los Almacenes Sánchez?
5. ¿Ha comprado usted un jersey?

Conversación

1. ¿Le gusta a usted comprar en las rebajas? ¿Por qué?
2. ¿Prefiere usted comprar en unos grandes almacenes o en una tienda pequeña? ¿Por qué?

11. En el apartamento de Luis

Luis, el amigo de Jaime, vive en un apartamento y ha invitado a comer a Ana, Marisa y Jaime.

El apartamento es pequeño: hay solamente un cuarto de estar, un dormitorio, una cocina y un cuarto de baño. Los muebles son sencillos, pero alegres, y Luis tiene muchos libros, una radio, un televisor, un equipo estéreo y muchos CDs. A Marisa y a Ana, que tienen que vivir en una habitación pequeña del hotel, el apartamento les parece lujosísimo.

– Oye, ¿vives aquí solo? –pregunta Ana.

– Sí, vivo solo.

– ¿Y quién limpia? ¿Quién hace las comidas?

– Yo. ¿O es que crees que un hombre no sabe limpiar ni hacerse la comida?

– Mi padre y mis hermanos no saben –dice Marisa–. Mi madre tiene que hacerlo todo.

– Cuando yo vivía en casa de mis padres tampoco sabía guisar ni limpiar. Era mi madre la que limpiaba la casa y guisaba. Pero ahora he aprendido.

Luis sirve un aperitivo a sus amigos. Marisa y Jaime se sientan, pero Ana va por la habitación mirando los muebles, los cuadros, los libros, los discos.

– ¡Un álbum de fotos! –dice de repente.– Me gusta mucho ver fotos.

– Son fotografías antiguas –dice Jaime.

– No importa, vamos a verlas.

Ana abre el álbum. En la primera página hay una fotografía familiar tomada en un jardín, delante de una casa.

---

7 **el equipo estéreo** die Stereoanlage | 9 **lujoso** luxuriös | 20 **el aperitivo** der Aperitif; die appetitanregende Speise | 27 **el álbum** das Album | 27 **la fotografía familiar** das Familienfoto

– ¿Este eres tú? –pregunta Ana, señalando a un muchacho en la foto.

– Sí, soy yo. Entonces tenía 15 años.

– ¿Es ésta tu casa? –pregunta Marisa.

5 – No, es la casa de mis abuelos. Viven en un pueblo. Cuando yo era niño íbamos al pueblo todos los veranos. Mis tíos y mis primos iban también. Era muy divertido: hacíamos excursiones, íbamos a nadar al río y yo jugaba al fútbol con los chicos del pueblo. Teníamos un equipo estupendo.

10 – Mis abuelos también vivían en un pueblo –dice Jaime–. Tenían una casa antigua, muy grande. Era una casa de piedra, con dos balcones llenos de geranios. Había también una bodega. Por la noche los chicos no queríamos bajar a la bodega, porque creíamos que allí había un fantasma.

15 – ¡Eh, oye! –dice de repente Ana–. ¿No huele a quemado?

– ¡La comida! –exclama Luis, y sale corriendo. Pero no pasa nada. La paella cuece y está casi a punto.

– ¡Qué susto te he dado! –dice Ana cuando Luis vuelve de la cocina. –No olía a quemado. Era una broma.

20 Jaime, Ana y Marisa ayudan a Luis a poner la mesa. Sacan del armario un mantel, servilletas, cucharas, tenedores, cuchillos, platos y vasos.

Por fin se sientan a comer. La paella está estupenda.

– ¡Qué bien guisas, Luis! –dice Marisa–. Si te casas, ¿vas a ayudar 25 también a tu mujer a guisar y a limpiar?

– Sí, naturalmente. Creo que el marido y la mujer deben repartirse el trabajo de la casa. Sobre todo si la mujer también trabaja.

---

1 señalar a zeigen auf | 6 los tíos Onkel und Tanten | 6 los primos Cousins und Cousinen | 7 la excursión der Ausflug | 11 la piedra der Stein | 12 el geranio die Geranie | 12 la bodega *hier:* der Keller | 14 el fantasma das Gespenst | 15 Huele a quemado. (oler) Es riecht angebrannt. | 16 salir corriendo hinausrennen | 17 cocer kochen | 17 estar a punto *hier:* gar sein | 18 dar un susto einen Schrecken einjagen | 19 olía es roch | 19 la broma der Scherz, der Spaß | 26 repartirse uc etw (ver-, auf-)teilen

– Pues yo prefiero casarme con una mujer como las de antes. Una mujer como nuestras madres. Es más cómodo. –dice Jaime.

– ¡Egoísta!

– Eres un buen partido, Luis –dice Ana riendo.– ¿Quieres casarte conmigo?

1 casarse con up jdn heiraten | 3 egoísta Egoist(in), egoistisch | 4 un buen partido eine gute Partie | 4 riendo lächelnd

Preguntas

1. ¿Cómo es el apartamento de Luis?
2. ¿Qué habitaciones tiene?
3. ¿Sabe Luis guisar y limpiar la casa?
4. ¿Qué hay en la primera página del álbum?
5. ¿Adónde iba Luis cuando era niño?
6. ¿Qué hacía en el pueblo?
7. ¿Cómo era la casa de los abuelos de Jaime?
8. ¿Por qué no querían bajar los niños a la bodega?
9. ¿Es verdad que huele a quemado?
10. ¿Qué hacen luego Jaime, Ana y Marisa?
11. ¿Si se casa, va a ayudar Luis a su mujer? ¿Por qué?
12. ¿Qué piensa Jaime?
13. ¿Qué dice Ana?

Ejercicio 1

Responda como en el modelo.

¿Era *pequeña* la casa de tus abuelos?
¿*Pequeña*? No, era muy *grande*.

1. ¿Era pequeña la casa de tus abuelos?
2. ¿Era una casa triste?
3. ¿Tenía pocas habitaciones?
4. ¿Eran antipáticos tus tíos?
5. ¿Llevaba tu prima el pelo corto?

Ejercicio 2

Responda como en el modelo.

Ahora vivo en Madrid.
¿Sí? ¿Y dónde *vivía* usted antes?

1. Ahora vivo en Madrid.
2. Ahora trabajo en un hotel.
3. Ahora pasamos el verano en la ciudad.
4. Ahora los niños juegan en el jardín.

Conversación

1. ¿Dónde vivía usted cuando era niño? ¿Cómo era su escuela? ¿Cómo eran sus profesores? ¿A qué jugaba usted?
2. ¿Cree usted que el marido y la mujer deben repartirse el trabajo de la casa? ¿Qué tipo de mujer (o de marido) prefiere usted?

12. La academia

Marisa lleva ya tres meses en Madrid. Está contenta en el hotel, pero no quiere ser camarera toda la vida. Le gustaría más trabajar en una oficina o ser cajera en una tienda. Sabe que para eso es
5 necesario estudiar y decide ir a una academia para informarse.

Un señor muy amable la recibe en su oficina y le hace algunas preguntas.

– ¿Qué proyectos tiene usted? ¿Qué le gustaría ser?

– Me gustaría trabajar en una oficina o ser cajera en una buena
10 tienda.

– ¿Qué estudios tiene usted?

– He hecho solamente la Escuela Primaria y el primer ciclo de la ESO. A los quince años tuve que dejar la escuela, porque mis padres son pobres y no podían enviarme al Instituto, que está en
15 otro pueblo. En casa ayudaba a mi madre y cuidaba a mis hermanos pequeños. Vine a Madrid hace tres meses y ahora trabajo de camarera en un hotel.

– ¿Qué notas tuvo usted en la escuela?

– Buenas. Era la primera de mi clase.
20 – ¿Y qué materias le gustaban más?

– Las ciencias y las matemáticas.

– Eso está bien. Si tiene usted facilidad para las matemáticas puede estudiar contabilidad. Y desde luego debe aprender a escribir en el ordenador. ¿Tiene usted buena ortografía?
25 – Sí. En mi clase había una maestra muy buena. Era joven y enseñaba muy bien.

---

5 **decidir** beschließen | 5 **informarse** sich erkundigen | 8 **el proyecto** der Plan |
12 **la Escuela Primaria** Grundschule | 13 **la ESO** *Educación Secundaria Obligatoria*
Sekundarstufe I | 18 **la nota** die Note | 20 **la materia** das (Schul)fach | 21 **las ciencias** die
Naturwissenschaften | 22 **tener facilidad para uc** begabt sein für etw | 23 **la contabilidad**
die Buchführung | 24 **¿Tiene usted buena ortografía?** Sind Sie gut in Rechtschreibung?

– Magnífico. Para una mecanógrafa es muy importante escribir correctamente.

– Entonces, ¿qué me aconseja usted?

– Para empezar puede usted estudiar contabilidad e informática. Tenemos clases nocturnas de 8 a 10 de la noche los lunes, miércoles y viernes. Más tarde puede usted asistir a las clases de inglés o de francés. Un idioma es muy útil para cualquier empleo.

– Bien, pues muchas gracias.

Marisa sale de la oficina y va a secretaría; allí se apunta para las clases de contabilidad e informática. Tiene que rellenar un impreso con su nombre, sus apellidos, la fecha y lugar de nacimiento y el número de su documento de identidad. También tiene que pagar un mes por adelantado.

Cuando vuelve al hotel Ana está en la habitación arreglándose las manos.

– ¡Hola! –dice Marisa–. ¿Sabes de donde vengo? De una academia, la Academia Val. Voy a aprender contabilidad e informática.

– ¿Sí? ¿Y para qué?

– Quiero trabajar en una oficina o de cajera en una tienda. Jaime me dijo que la Academia Val es muy buena. Me recibió un señor muy simpático y me aconsejó muy bien. Las clases son de 8 a 10 de la noche, tres días a la semana.

– ¡Qué horror! ¿Y vas a ir a clase después de trabajar todo el día?

– El que algo quiere, algo le cuesta. ¿No te gustaría a ti también encontrar un trabajo mejor que éste?

– Bah, yo creo que lo más práctico es encontrar un buen marido. ¿No piensas tú casarte?

– Quién sabe, quizás más tarde, pero ahora no. Además no quiero casarme sólo para tener la casa y la comida aseguradas. Yo puedo ganarme la vida sola.

– Chica, Marisa, hablas como una feminista. Has aprendido
5   mucho en Madrid –dice Ana–. Y, tranquilamente, continúa arreglándose las manos.

Preguntas

1. ¿Quiere Marisa ser camarera toda la vida?
2. ¿Qué le gustaría ser?
10 3. ¿Adónde va?
4. ¿Qué estudios tiene Marisa?
5. ¿Cuándo tuvo que dejar la escuela?
6. ¿Por qué no fue a un Instituto?
7. ¿Qué días hay clases nocturnas en la academia?
15 8. ¿Qué tiene que escribir Marisa en el impreso?
9. ¿Dónde está Ana cuando Marisa vuelve al hotel?
10. ¿Qué quiere hacer Ana?

Ejercicio

Responda como en el modelo.

20 ¿Qué hizo Marisa en la academia?
Habló con un señor.

1. Hablar con un señor.
2. Apuntarse a unas clases de contabilidad y mecanografía.
3. Rellenar un impreso.
25 4. Pagar un mes por adelantado.

---

2 tener uc asegurada etwas sicher haben | 3 ganarse la vida sich den Lebensunterhalt verdienen | 4 la feminista die Feministin

Conversación

1. ¿Qué materias le gustaban a usted más en la escuela?
2. ¿Qué es mejor para un mujer, estudiar o buscar un buen marido? ¿Por qué?

13. Las fiestas de Casar del Río

En sus primeras vacaciones Marisa ha vuelto a Casar del Río.
Sus padres, su abuelo y sus hermanos le han hecho un gran recibi-
miento, pero todos la encuentran muy cambiada.

– Llevas otro peinado –dice Paco, uno de los pequeños–. ¡Pare-   5
ces una artista de la tele!

– Estás más delgada. ¿Comes bastante? –pregunta la madre.

– Sí, mamá, como muy bien.

– Pero esas comidas de hotel no son como las de casa. Tienes
que engordar.   10

– Si engorda ya no puede llevar esos pantalones tan estrechos
–dice el padre, que no logra acostumbrarse a las modas moder-
nas.

Marisa trae regalos para todos: una chaqueta para su madre,
una cartera de piel para su padre, una pipa nueva para su abuelo y   15
juguetes para sus hermanos pequeños. Todos se ponen muy contentos.

Casar del Río está en fiestas, como todos los años a mitad de
agosto. Durante esos días el pueblo cambia, porque vuelven los
jóvenes y también muchas familias que han conservado sus casas   20
para pasar en ellas las vacaciones. Hay coches aparcados en la
plaza, y gente por la calle, y niños que juegan… Es como antes de
la emigración.

El programa de fiestas es siempre el mismo: Misa mayor, proce-
sión, juegos para los niños, baile y el último día toros en la plaza.   25

---

3 hacer un recibimiento einen Empfang bereiten | 5 el peinado die Frisur | 6 el/la artista
der/die Künstler(in); der/die Schauspieler(in) | 10 engordar dicker werden | 12 No logra Es
gelingt ihr nicht | 12 la moda die Mode | 14 el regalo das Geschenk | 15 la cartera de piel
die Brieftasche aus Leder | 15 pipa Pfeife | 18 Casar del Río está en fiestas. In Casar del
Río feiert man das Dorffest. | 18 la fiesta das Fest | 18 a mitad de agosto Mitte August |
20 conservar hier: behalten | 21 aparcar parken | 24 el programa das Programm | 24 la
Misa mayor das Hochamt | 24 la procesión die Prozession | 25 los toros der Stierkampf

Mejor dicho: un solo toro, porque los toros cuestan muy caros y el pueblo tiene poco dinero.

Marisa lo pasa muy bien. Ha encontrado a muchos amigos de la infancia que, como ella, trabajan ahora en la ciudad.

Hablan de sus problemas: la soledad, la dificultad de encontrar un piso…

Marisa ha ido todos los días al baile, porque le gusta mucho bailar. Un día bailó con Pascual, un chico de su edad que todavía vive en el pueblo y que le hizo muchas preguntas.

— ¿Estás contenta en Madrid, Marisa?

— Sí, estoy contenta.

— ¿Ganas mucho?

— 1.200 euros.

— ¡Qué suerte! Yo también quiero irme del pueblo.

— ¿Y por qué te quieres ir? Tu padre tiene buenas tierras.

— Sí, pero los campesinos no ganamos nada. Sólo ganan los intermediarios. Además, si me quedo en el pueblo no puedo casarme.

— ¿Por qué?

— Ninguna chica quiere casarse con un campesino. Ya ves, el Venancio se quedó en el pueblo y ahí lo tienes, soltero con casi 40 años.

— Es que es muy feo.

— ¿Piensas casarte tú con un campesino?

— Bueno, no sé…

— ¿Lo ves?

La orquestina, traída de la capital de la provincia, dejó de tocar. Hacía mucho calor y los pobres músicos necesitaban un descanso. Marisa y Pascual fueron a la barra para tomar algo fresco, pero

---

1 **el toro** der Stier | 3 **pasarlo bien** sich amüsieren | 4 **la infancia** die Kindheit | 5 **la soledad** die Einsamkeit | 5 **la dificultad** die Schwierigkeit | 9 **hacer preguntas** Fragen stellen | 14 **¡Qué suerte!** Welch ein Glück! | 16 **el intermediario** der Zwischenhändler | 26 **la orquestina** die Kapelle | 26 **dejar de** aufhören zu | 27 **el descanso** die Pause

había tanta gente que era muy difícil conseguir una bebida. Por fin
Pascual logró traer dos limonadas.

– Oye, Marisa, si encuentro un buen trabajo en Madrid, o en
Barcelona, o en Alemania, ¿quieres casarte conmigo?

Marisa se echó a reír.

– ¡Pregúntamelo dentro de diez años! –dijo.

Preguntas

1. ¿Cuándo ha vuelto Marisa a Casar del Río?
2. ¿Qué le dicen sus padres, su abuelo y sus hermanos?
3. ¿Qué trae Marisa?
4. ¿Por qué hay mucha gente en el pueblo?
5. ¿Cuál es el programa de fiestas?
6. ¿Por qué hay un solo toro?
7. ¿Lo pasa bien Marisa? ¿Por qué?
8. ¿Quién es Pascual?
9. ¿Por qué quiere Pascual irse del pueblo?
10. ¿Qué le pregunta Pascual a Marisa?

Ejercicio

Responda.

1. ¿Cómo es Casar del Río? ¿Se acuerda? ¿Puede usted descri-
birlo?
2. ¿Por qué abandonan los jóvenes Casar del Río?

---

1 conseguir *hier:* bekommen | 5 echarse a reír anfangen zu lachen |
6 Pregúntamelo... Frage mich das ...

Conversación

1. ¿Prefiere usted trabajar en el campo o en la ciudad? ¿Por qué?
2. ¿Cree usted que es difícil para un campesino encontrar mujer? ¿Por qué?

14. ¿Cuál es mi sitio?

Las fiestas han terminado en Casar del Río y casi todos los visitantes se han ido ya. Otra vez se ven muchas casas cerradas y el café de la plaza, tan animado durante los días de fiesta, ha vuelto a ser un sitio tranquilo donde los hombres del pueblo beben vino y juegan al dominó o a las cartas.

Marisa, que todavía tiene unos días más de vacaciones, ayuda a su madre y juega con sus hermanos, como en los viejos tiempos, pero sin embargo ya no es lo mismo. De muchas cosas suyas no puede hablar con sus padres ni con su abuelo. Por ejemplo, intentó hablar con su abuelo de los sindicatos, de la huelga de hostelería que tuvieron en el mes de abril, pero su abuelo se enfadó mucho.

– Tú no tienes que meterte en esas cosas –dijo.– Tú, a trabajar y a callar. Eso de los sindicatos y las huelgas no trae más que disgustos. Mira, al tío Pedro, el padre de la señora Ana, le mataron durante la guerra porque era de la UGT.

Para Marisa la guerra civil española es algo que pasó hace mucho tiempo, cuando ella aún no había nacido, pero para su abuelo está muy presente y Marisa se da cuenta de que él todavía tiene miedo.

Su padre tampoco parece entender la vida que lleva su hija en Madrid. Con él Marisa ya casi no habla.

Con su madre tampoco puede hablar Marisa de muchas cosas que hace en Madrid. A la señora Antonia no le gustarían las comidas y las cenas en el apartamento de Luis «Una chica decente –diría – no va al apartamento de un hombre soltero.» Y seguramente

---

2 **el/la visitante** der/die Besucher(in) | 4 **animado** belebt | 10 **por ejemplo** zum Beispiel |
10 **intentar** versuchen | 11 **el sindicato** die Gewerkschaft | 11 **la huelga** der Streik | 11 **la hostelería** das Hotelgewerbe | 12 **enfadarse** böse werden, wütend werden | 13 **meterse en uc** sich in etw einmischen | 14 **callar** schweigen | 14 **el disgusto** die Unannehmlichkeit |
15 **matar** töten | 16 **UGT (Unión General de Trabajadores)** *Sozialistische Gewerkschaft in Spanien* | 17 **la guerra civil** der Bürgerkrieg | 19 **el miedo** die Angst | 20 **llevar una vida** ein Leben führen | 24 **decente** anständig | 25 **seguramente** *hier:* wahrscheinlich

pensaría que las películas o las obras de teatro que Marisa veía en Madrid eran inmorales.

Marisa sí habló de sus clases en la academia, de lo que estaba aprendiendo, pero la reacción de su madre fue negativa.

5 – Claro, por eso estás tan delgada –dijo–. Después de trabajar todo el día en el hotel te vas a la academia y tienes que estudiar por la noche. ¿Y total, para qué? Tú lo que tienes que hacer es buscar un buen chico, honrado y trabajador, y casarte. Si tantas ganas tienes de aprender, ¿por qué no aprendes en el hotel a guisar bien, a
10 planchar, a coser y todas esas cosas que debe saber una mujer de su casa?

«Igual que Ana –pensó Marisa– Todos quieren verme casada pronto. Pues no les voy a dar ese gusto.»

El último día de sus vacaciones Marisa dio un paseo y se sentó
15 a descansar a la orilla del río. Desde allí se veía todo el pueblo: las casitas, la carretera, la torre de la iglesia. Todo estaba en calma; por la carretera, hacia el pueblo, subía un hombre con una mula. Un perro corría detrás de él. Sobre el río volaban los pájaros, buscando comida. Se oían las voces de unos niños que jugaban entre
20 los árboles.

Marisa sintió un gran amor por su pueblo. ¡Qué bonito era! Pero al mismo tiempo se dio cuenta de que su sitio ya no estaba allí, que ya no pertenecía a Casar del Río. Pensó en Madrid, con sus grandes edificios, sus calles siempre llenas de coches, su aire contaminado.
25 ¿Estaba allí su sitio? Tampoco.

«Entonces –se dijo Marisa–, ¿cuál es mi sitio? ¿Adónde pertenezco yo?»

---

2 **inmoral** unmoralisch | 4 **negativo** negativ | 8 **honrado** ehrlich; anständig | 10 **planchar** bügeln | 10 **coser** nähen | 12 **igual que** genauso wie | 13 **dar ese gusto** diesen Gefallen tun | 15 **a la orilla del río** am Flussufer | 16 **la calma** die Ruhe, die Stille | 17 **la mula** das Maultier | 18 **volar** fliegen | 18 **el pájaro** der Vogel | 19 **la voz** (*pl* **voces**) die Stimme | 22 **al mismo tiempo** gleichzeitig

Preguntas

1. ¿Cómo está el café de la plaza después de las fiestas?
2. ¿Qué hacen allí los hombres del pueblo?
3. ¿Qué hace Marisa?
4. ¿De qué intentó hablar con su padre?
5. ¿Qué dijo el padre? ¿Por qué?
6. ¿Qué piensa la madre de Marisa de sus estudios?
7. ¿Qué debe aprender Marisa, según su madre?
8. ¿Qué sintió Marisa viendo el pueblo?

Ejercicio

Responda.

1. ¿Cómo es Marisa? ¿Qué problemas tiene?
2. ¿Puede usted describir un pueblo de su país?

Conversación

1. ¿Por qué algunas veces los hijos no pueden hablar con sus padres?
2. ¿Comprende usted a Marisa? ¿Conoce usted otras muchachas como ella?

Abreviaturas

ej = ejemplo

etw = etwas

hier = in diesem Kontext hat das betreffende Wort eine andere Bedeutung

jdn = jemanden

jdm = jemandem

uc = una cosa

up = una persona